AF482999

RECIT

DE LA FONDATION DE L'EGLISE

DE NÔTRE-DAME DE LONG-PRE'

AUX CORPS SAINTS,

En la Comté de Ponthieu, Evêché d'Amiens,
& Reception des saintes Reliques
de cette Eglise,

DONT LA FESTE SE SOLEMNISE
tous les ans le premier Dimanche aprés le
vingt-neuviéme d'Aoust.

Extrait & traduit des Archives
de la même Eglise.

A AMIENS,

Chez CHARLES CARON-HUBAULT,
Imprimeur, ruë & vis-à-vis S. Martin.

M. DCC. XXXI.

A MONSIEUR

MONSIEUR

HONORE' DE BUISSY,

ESCUYER,

SEIGNEUR DUDIT LIEU, LONG,

LONG-PRE', CASTELET, &c.

CONSEILLER DU ROY, LIEUTENANT
Particulier en la Senéchaussée de Ponthieu,
& Siege Présidial d'Abbeville.

ONSIEUR,

*Les Peuples sont devenus si peu certains sur
les noms des saintes Reliques de cette Eglise, &
sur le jour précis de la Feste de leur reception, depuis que la Feste de la Decollation de S. Jean-
Baptiste, qui la précedoit, a esté transferée du
29. Aoust au Lundy d'aprés l'Octave de Pas-
ques, & qu'il ne s'est plus trouvé que fort peu de
petits Livres qui marquoient leur feste & leur
nom; que ce gros Trésor des précieuses Reliques de tant de Saints, a commencé de n'estre
plus veneré comme anciennement avec le concours universel des Peuples de la Province,
dont il fait la joye & la gloire.*

*Le devoir qui attache nostre Chapitre à l'hon-
neur de ces précieuses Reliques, l'engage au-*

A ij

jourd'huy, MONSIEUR, à réimprimer ce Livre, & à le répandre dans le public sous vos auspices. Peut-il employer un nom plus efficace au rétablissement de leur culte que le vostre, MONSIEUR, puisque par la seule qualité de Patron, vous estes le Protecteur naturel de leur honneur? Mais vous l'estes encore, MONSIEUR, par le saint zele de la justice si répandu dans vostre Famille ; car comme la generosité de vos Ancestres les a portez à se sacrifier dans la guerre à soûtenir la justice des armes de nos Rois; l'integrité inalterable de leur digne posterité les a devoüez à défendre l'équité de leurs loix, par le bon usage des premieres charges des Présidiaux de la Province. Monsieur vostre Ayeul maternel a exercé celle de Lieutenant General d'Amiens. Messieurs vostre Grand-pere & vostre Pere ont administré celle de Président au Siege d'Abbeville, qui est encore presentement si dignement soutenuë par Monsieur le Président vostre Frere aisné. Vous avez, MONSIEUR, celle de Lieutenant Particulier dans le mesme Siege, où la justice que vous rendez aux hommes vous en attire l'estime generale.

Ces petits Livres, MONSIEUR, entrans dans la Province sous vostre protection, y porteront de fortes impressions de la plus juste veneration des Fideles envers ces saintes Reliques, & tireront du fond de ce grand Trésor

là voix de la plus puissante intercession de
tant de Saints auprés du trône de la Maje-
sté de Dieu, pour la prosperité de voftre Famille. Permettez-nous, MONSIEUR, d'y
joindre nos vœux, & les protestations du plus
profond respect avec lequel nous fommes,

MONSIEUR,

Vos tres-humbles & tres obéïffans
Serviteurs, les Doyen, Chanoines
& Chapitre de Long-Pré.

RECIT DE LA FONDATION
de l'Eglise de Nôtre-Dame de Long-Pré aux Corps saints, en la Comté de Ponthieu, Evêché d'Amiens, & reception des saintes Reliques de cette Eglise, &c.

L'an 1180.

L'AN de Nôtre Seigneur onze cens quatre-vingt-dix, du regne du trés-pieux Roy de France Philippe, Guillaume son oncle étant Archevêque de Rheims, Reverend Pere en Dieu Thibaut étant Evêque d'Amiens, & trés-illustre Seigneur Jean étant Comte de Ponthieu ; florisoit en ce tems-là un trés-noble & vaillant Chevalier, nommé Aleaume de Fontaines, homme de belle taille, adroit aux armes, & sur tout recommandable par sa pieté ; son Epouse bien digne de luy, nommée Lorette, étoit fille de trés-noble Prince Bernard de S. Valery : laquelle ne fut pas moins heureuse veuve, qu'elle avoit été loüable en son mariage. Elle ne cessoit tous les jours d'enfanter spirituellement à Dieu les enfans qu'elle avoit une fois produits au monde selon la nature, toûjours occupée à l'oraison & jalouse de l'honneur de la maison de Dieu qu'elle aimoit. Elle employoit diligemment son industrie à enrichir & orner les Eglise. Elle avoit des entrailles de charité pour tous les Fideles de Jesus-Christ, & sur tout pour les Ministres des saints Autels. Les douleurs & afflictions des pauvres malades luy étoient si sensibles, qu'elle apprit la medecine pour les ſoulager : ſi bien qu'aux ſix œuvres de miſericordes raportées en l'Evangile, & à la ſeptiéme mentiónnée en Tobie, elle en ajoûta une huitiéme, en procurant la gueriſon de ceux qu'elle nouriſſoit en leur ſanté. Et il eſt à remarquer que comme ſon courage & ſes actions n'étoient en rien moindres que celle d'un homme, auſſi avoit-elle quelque choſe de mâle dans ſon exterieur.

Dieu ayant pour lors par un juſte châtiment dû aux pechez de ſon peuple, & par un ſecret jugement livré la Terre ſainte en la puiſſance des Infidéles : Aleaume voulant coutribuer à ſon recouvrement, s'enrolla ſous les étendarts de la Croix avec tous ces illuſtres Chevaliers, qui ſe croiſerent pour retirer la Terre ſainte des mains des Infidéles, afin d'offrir à Dieu croix pour croix & paſſion pour paſſion, & que s'offrant & s'expoſant auſſi à la mort à l'imitation de nôtre Sauveur, il pût enfin reſuſciter avec luy. Il prend donc cette bonne & ſalutaire reſolution, à laquelle ſon Epouſe joint ſes continuelles ſollicitations, l'invitant à racheter premierement ſes pechez par aumônes, & ſur tout l'incitant de fonder une Egliſe & la doter de ſes biens, pour la remiſſion de ſes pechez. Leurs pieux deſſeins furent ſecondez par la devotion de leurs enfans, qui conſentirent tres volontiers à l'heureux échange des biens de la terre pour la poſſeſſion éternelle du Ciel.

Quoy que le lieu de Long-Pré fût pour lors d'aſſez petites étenduë, & peu convenable pour eſtre la demeure de perſonnes Eccleſiaſtiques, n'y ayant que peu d'habitans ruſtiques & groſſiers: ils y choiſirent néanmoins par une ſecrette & divine inſpiration un lieu pour executer leurs entrepriſes,

A iiij

& y bâtirent & doterent une Egliſe en l'honneur de Dieu ſous le nom de la tres-ſainte & tres-pure Vierge mere de Dieu, & de ſa glorieuſe Aſſomption : & pour rendre la Fondation & ſpeciale inſtitution de l'Egliſe plus autentique & mieux reçûë, ils la firent approuver & confirmer par l'Evêque Thibaut dont on a déja parlé. Ils y inſtituerent premierement un Chapelain, auquel ils aſſignerent de quoy s'entretenir de tout ce qui luy eſtoit neceſſaire. Cela fait, Aleaume deſirant combattre en l'armée des François, ſe charge du ſigne de la Croix & aprés qu'en cette fameuſe victoire remportée par le Roy des Bulgares ſur les Latins, l'Empereur Baudoüin fut malheureuſement tombé entre les mains des ennemis, y ayant déja quinze mois qu'on doutoit s'il eſtoit mort ou vif, & que Henry ſon frere (qui cependant avoit gouverné l'Etat) eſtoit enfin arrivé à la Couronne, quelques-uns des François qui avoient dés le commencement ſuivy l'armée, voulurent retourner en leur pays. Noſtre Aleaume, comme un brave ſoldat de JESUS-CHRIST, entreprenant avec joye le voyage, arriva heureuſement en la Terre ſainte, où combattant courageuſement pour la cauſe de Dieu, voyant les autres ne reſpirer que l'air de leur pays, eſtimant que c'eſtoit une choſe indigne de s'en retourner ſans avoir executé ce qu'on avoit entrepris, ſe reſolut de demeurer là, où il fut juſqu'à l'an de noſtre Salut mil deux cens cinq, en laquelle année Dieu ayant abaiſſé l'orgüeil des Grecs, & aprés la priſe de Conſtantinople tranſporté leur Empire en la puiſſance des Latins, Aleaume s'eſtant fait diſtinguer en pluſieurs rencontres par ſon courage & par ſa vaillance, il envoya de cette ville de Conſtantinople avant que de mourir comme par testament à son Eglise de Long-pré par son Aumônier nommé Wlbert, les saintes Reliques qu'il avoit avec une pieuse diligence recherchées & reçûës de plusieurs, parce qu'il estoit consideré & aimé de tous ; & peu aprés comme un bon soldat de Jesus-Christ, en finissant sa vie, il finit ses glorieux travaux.

Hugues son fils aîné d'heureuse memoire luy succeda, qui ne degenera en rien de la vertu paternelle, ayant fait voir qu'il estoit autant l'heritier de la pieté de son pere que de sa maison : car il maintint & augmenta cette nouvelle Eglise par ses sages conseils, par ses grandes liberalitez, & par sa puissante protection, en sorte que l'on peut dire que le pere en a jetté les premiers fondemens; mais que le fils a eu la gloire d'y avoir mis la derniere main, & de l'avoir conduite à sa perfection.

Lorette se voyant privée d'un tel mary se resolut de ne pas laisser perdre le fruit d'un merite dont son veuvage luy presentoit l'occasion : car demeurant en cet état, elle choisit Jesus-Christ pour son époux, cherissant toûjours tendrement sa nouvelle Eglise, & l'élevant avec l'affection & le soin d'une bonne mere & comme une abeille industrieuse attentive à son travail, elle quitta maisons & châteaux pour y faire sa demeure avec sa fille nommée Marie qui ayant seulement passé quelques années avec son mary, demeura dans l'état de viduité à l'imitation de sa mere, dont elle ne se separa jamais : & non contente du fruit qu'elle pouvoit esperer du merite de son veuvage, elle s'efforçoit encore de l'accroître d'une infinité de vertus, passant les jours & les nuits dans l'Eglise en jeûnes & Oraisons.

Cependant le Chapelain Wlbert, aprés avoir

Alcaume meurt à Constantinople.

Lorette s'adonne à la pieté

pris congé de son Maître s'embarque avec d'autres, & en moins d'un mois arrive à Venise : mais auparavant comme ils passoient par l'Achaïe le Soleil miraculeusement s'éclipsa, dont le défaut fut reparé par une clarté qui sortit d'une nuë, afin qu'un si precieux trésor ne leur fut point ravy : néanmoins aprés avoir traversé le pays des Lombards & franchy la hauteur des montagnes, ils furent pris à un Village nommé S. Raymbaut, où

voyant les voleurs sur le point de foüiller dans leurs bagages, ils se racheterent par une certaine somme d'argent, ayant promis & juré entr'eux que lors qu'ils seroient arrivez en lieu de seureté, chacun montreroit tout ce qu'il avoit pour estre cottisé chacun à proportion de la valeur de choses qu'il auroit. Il y avoit en leur compagnie un Envoyé de l'Empereur Henry, qui ne voulut accepter cette cottisation qu'en acceptant quelques cabinets qu'il portoit en Flandres de la part de son Seigneur. Ils obtinrent des passeports des Officiers de l'Empereur, & furent protegez si particulierement du Ciel, qu'il ne leur arriva depuis rien de contraire : on a remarqué même qu'ils n'ont point esté incommodez de la pluye bien qu'il ait plû souvent aussitôt qu'ils estoient à couvert.

Le Chapelain Wlbert estant arrivé, l'Eglise de Long-pré fut enrichie de ces saintes & précieuses Reliques, & de tres beaux ornemens de soye. Il avoit aporté avec luy des lettres de la part du Seigneur Alcaume son Maître, avec le cachet de ses armes pout les donner à Lorette son Epouse, à à son fils Hugues (desquelles Lettres & du recit du Chapelain nous avons appris la presente Histoire.) Lorette & son fils Hugues envoyerent en diligence donner avis de tout cecy au venerable

Richard lors Evêque d'Amiens, & l'inviterent à une si sainte & celebre Reception. Il s'y transporta en effet, & voyant son Diocese enrichy d'un si rare Trésor aporté de pays si éloignez, il rendit graces à Dieu de ce qu'il avoit bien voulu honorer son peuple de dons si précieux; & admirant l'abondance des saintes Reliques, demanda avec de grands sentimens de devotion & de pieté qu'on luy en donnât quelques parcelles pour son Eglise Cathedrale: ce qui fut fait avec grande reverence; & en recompense il en donna de celles qu'il avoit à nostre Eglise de Long-pré, ayant auparavant examiné le tout diligemment, & conferé le cachet des lettres avec celuy du vaisseau où estoient encloses les saintes Reliques, qui se trouva estre le même. On ne peut dire avec quelles larmes de joye le saint Prélat, la Dame Lorette & son fils Hugues, & les autres Assistans, témoignerent le ressentiment de leur devotion, qui pour n'estre point méconnoissans de tant de biens & de faveurs qu'ils reconnoissoient avoir reçûs du Ciel, firent avec beaucoup de devotion des offrandes à Dieu, à la Vierge & aux Saints, dont ils avoient reçû les Reliques dans l'Eglise de Long-pré, où ils fonderent de nouveau une autre Prébende, qu'ils donnerent au Chapelain Wlbert, qui avoit apporté les Reliques; Lorette & son fils Hugues en ayant encore auparavant ajoûté deux autres à la premiere avec des revenus suffisans. Outre cela Isembard & Gautter freres de Hugues donnerent plusieurs revenus à l'Eglise, tant pour l'entretenir de luminaire que pour accomplir le nombre de douze Prébendes, nombre sacré & Apostolique: ce qu'ils firent approuver d'une maniere autentique par l'Evêque Richard, & par la Bulle d'Innocent III. qui prit les Miniſtres de l'Egliſe & les biens qu'elle avoit alors & qu'elle poſſederoit dans la ſuite en ſa protection , & des bienheureux Apoſtres S. Pierre & S. Paul.

Cette celebre Reception des ſaintes Reliques en l'Egliſe de Long-pré fut auſſitôt publiée aux lieux circonvoiſins ; & incontinent aprés aux Bourgs & Villes plus éloignez, & ſe fit un concours extraordinaire de peuple que la joye d'une ſi bonne nouvelle aſſembla , tous accoururent deſirant voir le ſujet du bonheur commun de tout le pays , tous d'une voix loüent & beniſſent Dieu en ſes Saints , diſans : Beni ſoit celuy qui eſt venu en l'honneur du Seigneur , par le moyen duquel nôtre pays, & tout le Royaume de France eſt honoré.

Cette Tranſlation de ces ſaintes Reliques de Conſtantinople à Nôtre-Dame de Long-pré , fut le quatriéme jour d'Aouſt , l'an de grace mil deux cens ſix , en laquelle année fut auſſi apporté de la Ville de Conſtantinople à Amiens le Chef du bienheureux S. Jean-Baptiſte Précurſeur de nôtre Seigneur JESUS-CHRIST , & reçû par l'Evêque Richard dont il eſt parlé. En quoy il faut conſiderer combien la Ville de Conſtantinople, & toute la Grece , pleurent la perte d'un ſi précieux Tréſor qui la rendoit ſi recommandable , duquel nôtre France eſt maintenant en poſſeſſion,& particulierement nôtre Egliſe enrichie. Et d'autant que le quatriéme d'Aouſt eſt ordinairement fort occupé par la recolte des grains , il fut reſolu à la Requête du Patron de cette Egliſe , par l'avis du Chapitre , & ſous le bon plaiſir de l'Evêque Richard , que la Fête de la Reception des ſaintes Reliques ſeroit celebrée à l'avenir le premier Dimanche aprés le 29. d'Aouſt (auquel jour étoit cy-devant dans ce

Reception des ſtes Reliques le quatre Aouſt 1206.

Diocese la Decollation de S. Jean-Baptiste) afin que le peuple pût venir plus commodement & en plus grand nombre à cette grande solemnité ; & en cas que le 29. d'Août se rencontrât dans un Dimanche , il fut resolu que la Fête ne se solemniseroit pas ce Dimanche là , mais le Dimanche suivant : de sorte que la Fête de la Reception des saintes Reliques de Long-pré ne se celebre jamais le 29. d'Aoust , mais toûjours le premier Dimanche suivant : A laquelle solemnité , certains Légat , Penitenciers , Archevêques & Evêques , tant de ce Diocese que de ceux de la Cour de Rome , & même le Pape Eugene IV. ont accordé en l'Eglise de Long-pré , tant en ce jour que durant l'Octave, & en tout le cours de l'année , trois mille huit cens quatre-vingt-cinq jours d'Indulgences par chacun an , comme il est plus au long porté par les Bulles desdits Peres.

En ce tems l'Illustre Prince Guillaume Comte de Ponthieu & de Montreüil , Seigneur fort Catholique & pieux , vint avec une grande humilité visiter les saintes Reliques , & en demanda quelques-unes , ce qui luy fut accordé , il les mit avec grande reverence en l'Eglise de S. Wlfran , & en recompense donna à l'Eglise de Long-pré une côte de ce Saint ; & outre cela assigna sur la Vicomté d'Abbeville , quatre livres Parisis de rente à l'Eglise de Long-pré , qu'il prit comme Patron en sa protection & de ses successeurs avec les Chanoines , toutes les rentes presentes & à venir , & confirma tous les Contrats des Fondations qui y estoient faites.

Estimons donc , tres-chers Freres , & disons nôtre Eglise bienheureuse , qui conserve comme un dépost très-sacré les Reliques de tant & de si grands Saints ; Loüons auffi Dieu en fes Saints, dont nous avons les Reliques , fupplians que dans le Ciel nous foyons fecourus par les interceffions de ceux dont nous faifons aujourd'huy memoire icy bas fur la terre : Prions auffi pour noftre trés noble Patron Alcaume, vray foldat de JESUS-CHRIST, & pour les Fondateurs & Bienfaicteurs de noftre Eglife , afin que ceux qui ont donné les faintes Reliques & augmenté noftre Eglife de leurs liberalitez , puiffent un jour en la compagnie de tous les Saints obtenir la vie éternelle ; au nom de nôtre Seigneur JESUS-CHRIST, lequel avec le Pere & le Saint Efprit vit & regne par tous les fiécles des fiécles. Ainfi foit-il.

CATALOGUE DES SAINTES
Reliques de l'Eglife de Nòtre Dame de Long-pré , extrait du Cartulaire de ladite Eglife.

UNe partie des Langes dont Nôtre Seigneur fut envelopé à la Nativité

Du Sepulcre de Nôtre Seigneur.

D'un Clou de Nôtre Seigneur.

Du Sang de Nôtre Seigneur.

De la Colomne où il fut attaché.

Une partie notable de la vraye Croix de Nôtre Seigneur.

Une épine de la Couronne de N. S.

De la Table où il a fait la Cene.

De la Porte où N. Seigneur eftoit affis quand il pardonna à la Madelaine.

De la Pierre du Calvaire.

De la Crêche où N. S. nâquit.

De la Pierre du Mont-Sinaï.

Des Cheveux de la Ste Vierge Marie.

De fon Vêtement.

Du lieu où elle nâquit.

Du lieu où elle mourut,

De fon Lait.

Du Bois dans lequel elle fut portée en terre.

De fon Sepulcre.

Du Buiffon de Moyfe.

De la Verge d'Aaron.

Du Vêtement d'Aaron.

Du Manteau d'Elie.

Du Chef de S. Jean-Baptifte.

Une de fes Dents.

De fon Bras droit.

De fon Vêtement.

De S. Paul Apôtre

De S. André & de fa Croix.

De S. Jacques le majeur.

Une de ses Dents.
Un Doigt de S. Thomas Apôtre
en chair.
De S. Jacques le mineur & de
l'inftrument dont il fut tué.
De S. Philippes Apôtre.
Du Bras de S. Barthelemy.
De S. Mathieu Apôtre & de fon
Epaule.
De S. Simon.
De S. Luc Evangelifte.
De S. Marc Evangelifte.
De S. Barnabé.
Des SS. Innocens.
De S. Eftienne premier martyr.
De S. Laurent.
De S. Nicaife.
De S. Criftophe.
De S. Alexandre.
De S. Cirique & de fon Bras.
De S. Eleuthere.
Un de ses Doigs en chair.
De S. Euftache.
De S. Firmin martyr.
De S. Adrien.
De S. Blaife.
De S. Theodore.
De S. Chryfogon.
De S. Cofme.
De S. Damien.
De S. Demetrie.
De S. Pantaleon.
De la Chaîne dont fut attaché
S. Denis.
De S. Eutrope.
De S. Sebaftien.
De S. Procope.
De S. Crefpin.
De S. Clement.
De S. Vincent.
De S. Georges.
De S. Bacche.
De S. Militan.

De S. Gregoire.
De S. Jerôme.
De S. Ambroife.
De S. Auguftin.
Du Bras de S. Sylveftre.
De S. Nicolas & de l'Huile.
De S. Firmin le Confefleur.
De S. Vvlfran.
De S. Martin Pape.
De S. Martin de Tours.
De S. Furci.
De S. François.
De S. Bernard.
De fon Capuchon.
De S. Dominique.
De S. Benoift.
De S. Savinien.
De S. Eloy.
De S. Gilles.
De S. Antoine.
De S. Aubin.
De S. Sulpice.
De S. Fiacre.
De S. Domice.
De S. Robert foldat.
Du Doigt de fainte Marie-Ma-
delaine.
D'une de fes Côtes.
De fes Cheveux.
De fa Ceinture.
De fainte Anaftafie.
De fainte Marine Vierge.
De fainte Gertrude.
De fainte Apoline.
De fainte Agathe.
De fainte Barbe.
De fainte Claire.
De fainte Luce.
De fainte Agnés.
De fainte Chriftine.
De fainte Elifabeth de Hon-
grie.
Des onze mille Vierges.

Le nombre des Reliques cy-devant est de cent seize.

Outre les Reliques dont on vient de donner icy le Catalogue, il y en a encore beaucoup d'autres dont on ne parle point, afin d'épargner la longueur qu'on doit toûjours éviter dans un abregé. O pourra bien néanmoins dans la suite du tems en donner au public un détail plus au long lorsque le tems & l'état des affaires le permettront.

Il y a encore dans le Trésor du Chapitre de l'Eglise de Long-pré plusieurs Reliques des Saints, dont on ne sçait pas les noms parce que les écritures qui les faisoient connoître ont esté effacez par la longueur du tems, la plûpart de ces Reliques sont contenuës dans une Chasse de bois doré, qu'on porte tous les ans à la Procession au jour de la Fête.

ORAISON.

Seigneur, nous vous prions par les glorieux merites des Saints & Saintes, dont les Reliques sont en l'Eglise de Long-pré, de vous estre propice, qui sommes vos serviteurs indignes : afin que par leurs intercessions nous soyons preservez de toutes adversitez. Par Jesus-Christ Nôtre Seigneur. Ainsi soit-il.